Gallimard Jeunesse / Giboulées
sous la direction de Colline Faure-Poirée
© Éditions Gallimard Jeunesse 2008
ISBN : 978-2-07-062118-7
Numéro d'édition : 159967
Dépôt légal : juillet 2008
Loi n° 49956 du 16 juillet 1949
sur les publications destinées à la jeunesse
Imprimé en Italie par Zanardi Group.

Bénédicte GUETTIER

LE POIVRON FOU

UNE ENQUÊTE DE L'INSPECTEUR LAPOU

GALLIMARD JEUNESSE GiBOULÉES

BURP!

QUEL DÉJEUNER!
ROUDOUDOUNE
S'EST SURPASSÉE!

ELLE TROUVE QUE JE
DEVRAIS FAIRE DU JOGGING,
MAIS ÇA MANQUE DE
DIGNITÉ POUR UN
INSPECTEUR. JE CROIS
PLUTÔT QU'UNE PETITE
SIESTE AU PIED DU
POMMIER S'IMPOSE.

SI

PARDON, INSPECTEUR!

MAIS QUE SE PASSE-T-IL À LA FIN? JE N'AI JAMAIS V
VOUS VOUS ÊTES TOUS MIS AU JOGGING OU QUOI?

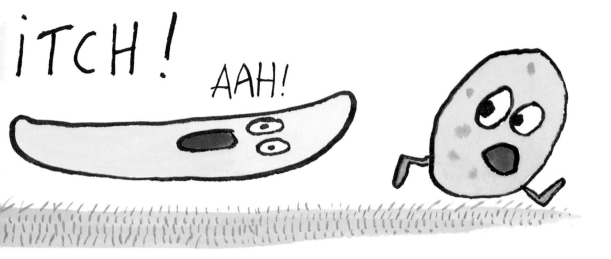

...E ACTIVITÉ PAREILLE DANS CE POTAGER !

AU SECOURS, INSPECTEUR LAPOU, NOUS SOMMES POURSUIV
DU POTAGER ET DE SES HABITANTS !!!

C'EST RIDICULE !
JE VAIS LE RAISONNER.
CE N'EST QUAND MÊME
PAS UN PETIT POIVRON
DE RIEN DU TOUT
QUI VA FAIRE LA LOI
DANS CE POTAGER.
JE L'ATTENDS DE
PIED FERME !

...R UN POIVRON FOU DONT LE SEUL BUT EST LA DESTRUCTION

VEUILLEZ REPRENDRE VOTRE CONTRÔLE ! VOTRE COMPORTEMENT EST INDIGNE D'UN LÉGUME DE BONNE FAMILLE COMME UN POIVRON !
AÏE !
I VOUS ONTINUEZ, E SERAI ALHEU- REUSEMENT BLIGÉ DE E... EUH... FÂCHER.

AAH!
UN MONSTRE!

C'EST INCROYABLE
IL AVAIT L'AIR
TERRIFIÉ...
JE NE PENSAIS
PAS AVOIR TANT
D'AUTORITÉ.
SANS DOUTE LE
PRESTIGE DE
L'UNIFORME!

LA RECETTE DE L'INSPECTEUR LAPOU

LE POIVRON MARINÉ

(IL FAUT UTILISER DES POIVRONS LAVÉS, PASSÉS AU FOUR TH 8 PENDANT 30 MINUTES ET REFROIDIS 20 MINUTES DANS UN SALADIER RECOUVERT DE FILM ÉTIRABLE).

RETIRE LA PEAU ET LES PÉPINS DES POIVRONS. DÉCOUPE-LES EN FINES LAMELLES. DISPOSE-LES DANS UN JOLI PLAT. ARROSE-LES D'HUILE D'OLIVE ET D'UN PEU DE FLEUR DE SEL.

HUMM ! C'EST PRÊT !

L'INSPECTEUR LAPOU

THOMAS LA TOMATE

LE DOCTEUR RATONTOU

MACHINE ET CHARLOTTE

JEAN PIERRE

PIPI LE PISSENLIT

PAULETTE LA COURGETTE

CHACHA

RADIS DI

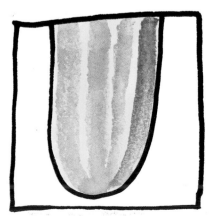

TA GAGA

COIN-COIN